우주문학 시선 2

검은 해바라기

이촉 시집

검은 해바라기

이촉 시집

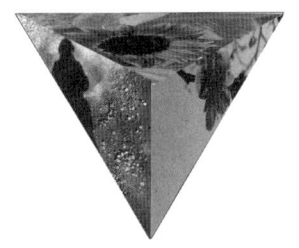

은하태양

■ 시인의 말

담벼락 아래
검은 해바라기 묘목 한 그루 옮겨 심었다.
순간순간 태양을 따라
꽃 피기를 기다렸다.

                                      2025년 3월
                                          이촉

차례

| 시인의 말

제1부 아름다운 사람들

012   아름다운 사람들
013   요양원의 봄
014   핑크 수선화
016   붉은 보따리 등뒤에 두고
018   finger enema
022   계뎁을 다시 마시며
024   다시 또 밤
026   원장과 의사와 간호사
028   요양원
030   수선화 예쁘게 핀 봄날 저녁
031   당직
032   섬진강 요양원
034   DNR
036   쑤꾸쟁이, 쑤꾸쟁이
037   웃음
038   아래채
040   아무튼, 꽃길 따라 헛걸음
042   산 아래 카페
044   노란 꽃창포

제2부 finger enema

046　　　검은 해바라기
048　　　폴라리스
050　　　우두커니
052　　　복호마을
054　　　간병인 나니타
056　　　배
058　　　박수
059　　　요양병원 집중치료실
060　　　치매 병동
062　　　모나리자
064　　　종로 3가
066　　　저녁에 잠서 가야 해
067　　　하늘 위의 집
068　　　203호
069　　　송영

제3부 구례

072　　　소녀상
073　　　강감찬
074　　　골무사태
075　　　석주관에서
076　　　아버지의 주례

077　골무사태
078　금요 순댓국
080　말러리안
082　엄마 사진
083　시나몬 향처럼 가버린
084　화엄사 홍매
086　섬진강에 가면
088　아지트에 오면 우영이 입술은 빨간 립스틱으로 변한다
090　여기, 여기예요

제4부　쇤베르크

094　쉼보르스카
096　정다운 요양원
097　세사르 바예호
098　쇤베르크
100　버지니아 울프
101　조웅
102　시골 냄새
104　섬진강
105　구례장
106　알바루 드 캄푸스
107　구례 오일장
108　하늘 수박

109   숲거리

110   목소리

112   쪽밭에서

114   섬진강이 흐르는 구례

115   붉은 베틀재 옥이네 건너

116   양쟁이 깽변

118   동백

119   해설 정과리

제1부

아름다운 사람들

아름다운 사람들

나를 바라보는 웃음
눈빛 마주하면 방긋
새하얀 웃음
아이고 이뻐라
나는 그 말이 더 예쁜 사람들
곪은 상처를 소독해주면
엉덩이로 밀고 따르는 할머니
돈 줄게 이따 살짝 와
그 말 그 얼굴에 엄마가 있어
엉덩이로 밀고와 의자에 후딱 앉는 웃음
아이고 이뻐라 내 딸
난 날마다 그 딸이 된다
여리게 감은 눈
부서질 듯 연한 손은
말하지 못해 손이 말하는
오늘은 할 말이 많은 손
손으로 알아차린다

요양원의 봄

연분홍 치마가 봄바람에 휘날리더라
새가 날면 따라 웃고 새가 울면 따라 울던

얄궂은 그 노래에 봄날은 간다

개나리방에서 부르던 콧노래는 이내
울컥 속울음으로 멎는다

떨리는 고개와 짓무른 눈동자는 하염없이 바라볼 뿐

가슴 속에 숨긴 하얀 물수건 더미가 뭉툭
속울음을 멈추게 한다

그거 그 속에 넣어요

얼굴을 닦고 손을 닦은 젖은 물수건이 하얗게
가슴 속에서 말라간다

개나리방 창밖으로 하얀
수선화가 바람에 휘날린다

핑크 수선화

핑크 코로나가
자꾸 하얘져요

창가에 누운
하얀 할미 같아서

골이 파인
할미의 볼 같아서

오래 머물라고
꽃잎 마르지 않게 자꾸 물을 줘 봅니다

할미의 속마음
붉은

속엣것
같아서

다시 볼 수
없을 것 같아

핑크 수선화!

하고
불러봅니다

붉은 보따리 등 뒤에 두고

여기가 어디요

전라남도요
구례요

우리 집에 갈라요
왜 안 보내주요

힘없이 돌아서는 뒷모습
붉게 물든 하늘이 어둠에 물든 숲

창에 대고 울어대는 새들 어두워지면
우리 집에 갈라요

한귀례 (87세). 구례군 마산면 사도리
나는 죽었어, 죽은 사람이 뭘 먹어!
심장박동기 가슴에 달고 잠만 자 심장 졸아들게
하는 사람

휠체어 타고 앉아 붉은 보따리 등 뒤에 두고

출입문 흔들어대는 사람

우리 집
우리 집 어디요

finger enema

레이를 타고 뒷좌석은
휠체어를 탄 여자 어르신을 태우고
응급실로 향한다

복부가 팽만되어 오는데
관장하고 rectal tube라도 꼽고
금식하고 수액을 주입해야 할 판인데
요양원에서는 할 수 없어
응급실로 달린다

촉탁의에게 미리 전화로 보고하고
보호자에게 병원 진료가 필요함을 설명하고
동의를 얻어
응급실로 달린다

엑스레이를 찍고
예견대로 가스와 대변이 찬 장
이런 거로 입원은 안 돼요
하루 입원은 안 돼요

입원 결정은 간호사가 하는 것인가?
젊은 당직 의사는 침묵하고
똥을 여기서 치울래요?
가서 치울래요?
관장 대신 내뱉는 간호사의 말, 말

일단 관장해 주세요

글리세린 관장하고 하는 말
기저귀는 가져왔어요?
물티슈는 가져왔어요?
안 가져왔으면 청구할게요

관장약이 새지 않도록 항문을 막고 있다
한참 만에 나오는 대변
장갑을 겹쳐 끼고 대변을 받는데
시원하게 배설되지 않는다

손가락으로 항문에 걸친 대변을 파고
항문괄약근을 마사지하며
finger enema를 시도한다

슬그머니 응급실 밖으로 나가는 원장
고뇌에 찬 로댕이 된다

입원하면 한 명이 빠져나가 고민인 원장
어르신 입원하여 고비를 넘겼다면 안되나요?

한 명 오니 또 한 명 빠져나가네!
휘파람 불듯
니코틴 냄새 풍기며

어두워진 도로를 달리며
 계속되는 배설을 막으며 대변은 요양원으로 달린다

아 푸른빛 저수지 용두를 지날 즈음
날카로운 빛이 쏘아댄다

보호자한테 전화했나요?
전화할 시간이 어딨어요?

찍
흥분을 참지 못하고 갓길로 차를 세우는 원장
그 언어는 이미 간호사를 한 대 치고

뒤에 어르신 타고 계시잖아요
요양원으로 가요

요양원 원장과
간호사와
어르신의 침묵 농도

어둠 속을 달린다
각기 다른 침묵의 속도로

게뎁을 다시 마시며

에티오피아 게뎁을 드립해서 마신다
좀 쓸까 해 물을 타서 마신다

출근하지 않아 맘이 편할 줄 알았는데
뭔가 구멍이 뚫린 듯해

백석의 국수를 읽다
이백과 두보같이 훑어보다

휴대폰을 열고
긴 긴 시를 써놓고

우체국에 부치고
다시 가 등기 취소를 했던 것이다

3장의 장시를 2장으로 압축하고
확신이 서지 않아

또 한잔 게뎁을 홀짝이는 거다
속에 뭐가 걸린 듯이 시원하지 않은 것이다

되풀이되는 행동이 되풀이되는
이것이 내 인생인 것이

풀처럼 자라나는 것이다

또 한 모금 게델을
홀짝이니 혀끝에 목구멍에

쓴맛이
머무는 것이

또 그렇게
게델을 홀짝이고

목구멍을 타고
흘러내리는 것이다

다시 또 밤

고속도로 휴게소에 앉아 술술
우동 가락 절로 들어가는 밤

기관 절개한 사람 입으로 술술
들어가던 국수 가락처럼

검은 눈동자만 껌벅 불안을
눈 안으로 털고

털어내도 불빛에 쌓이는 벌레 붙는 창에
달이 부옇게 슬픈 눈을 하고

무너져 내리는 밤

다시 또 밤이
오고

상쇄 꽹과리 소리 북 치다 장구 소리 따라
덩 덩 덩따따 더덩 또 헛박이라

올 것이 온 것인가?
올 곳에 온 곳인가?

헛발에 앞으로 돌 것을 뒤로 돌아
깨갱깨갱 겐지겐지 따라 얼수! 돌아간다

다시 또 밤이
온다

원장과 의사와 간호사

온종일 할미가 소변을 보지 못한다
보호자 큰딸은 그냥 하루 견뎌보자고 한다

소변은 마려운데 나오지 않아
퇴근하려는데 발열이 있다
병원이면 그냥 퇴근하는데
발열의 원인이 있겠지
보호자에게 설명을 하고 응급실 진료를 간다

 마취통증의학과 의사가 당직의로 응급실에 걸어 나온다
 왜 그렇게 말랐어요?
 물 좀 먹여요
 괜찮아요. 그냥 가요
 물은 2ℓ를 먹여야 해요
 그건 열도 아니에요

 방광이라도 만져봐야 하지 않나요?

 왜요 불안해요?

응급실에서 나와 요양원으로 가는 차 안의 침묵
휠체어를 탄 할미도 침묵하고

차가 엥꼬가 되었다고 차량일지를 집어던지는 원장
그 바람에 놀라
카드를 전해주는 손에 손이 놀라

맥없는 휠체어 고정 장치가 삐그덕거린다

요양원

  요양원 당직, 봉성산 샛길에 방문 전화를 한다
  냉천리 집에 가고 싶다는 할미가 있어 그 아들에게 전화한다.
  멀리 있는 자녀가 사는 공주에도 하고 가까운 동네 용방에도 한다

  아들이 면회 와서 이가 없는 아버지에게 오리 훈제 고기를 준다
  아버지가 고기를 좋아해요
  몇 남지 않은 이로 씹는 오리고기 몇 조각이 참 오래 걸린다
  난 가위로 오리고기를 잘게 자르고 딸기를 얇게 썰어 준비해준다

  점심시간 씁쓸한 머윗대를 쪄서 싸 먹는 사람들이
  밀레의 이삭 줍는 사람처럼 그림이 되는 정오

  창 너머 계족산이 보고 있고
  몇 남지 않은 청매화 꽃잎 봄날에 매달리는데

못마땅한 심정의 할미는 곧 울 듯 날 쳐다보고
  욕하는 것을 못 참겠다는 요양보호사의
  빳빳한 목소리가 울려 퍼지는 오후

  물망초 방에서는 도둑년을 내방으로 옮겨 왔다
고 밥을 먹지 않겠다고 한다
  방을 옮겨주겠다고 하자 수저를 들고 욕하면서
밥을 먹기 시작한다

수선화 예쁘게 핀 봄날 저녁

퇴근하려는데
금색 두꺼비 한 마리
휴게실에 들어와 폴짝 뛴다
휴지에 싸서 버려
두꺼비 기둥 모서리에 붙어 꼼짝 않는다
요양보호사 화들짝 놀라 뛴다
할매가 맨손으로 잡아 휴지에 싸서
화장실에 버린다
수선화 예쁘게 핀 봄날 저녁
나란히 앉아 있는 어르신들
그렇게 늦게 가면 집에서 쫓겨나겠어
어르신들 향해 손 흔들고 문을 나선다

당직

02:25
울리는 전화 한 통
받을 수 없었어 한밤중 전화는 두려워
이리저리 조회해 보는 전화번호
별의별 생각이 다 드는 전화

07:00
다시 울리는 전화
무슨 전화일까?

동의해서 설치했다는 무슨 센서
동의한 적이 없는 센서가 작동했다는데
무슨 일이 있을까 전화했다는데
무슨 일이라는 건데

문득 DNR이 떠오르네

아무 움직임이 없어
이상해서 전화했다는데

섬진강 요양원

사랑의 열매 기증
스타렉스 한 대 무심코 서 있다

섬진강이 굽이져 흐르고 계족산이 우뚝
지리산 아래 요양원

무탈하게 안전운행을 위해

돼지머리에 시루떡, 팥과 명태
차려 고사를 지낸다

코로나 엔데믹
대면 면회가 시작되고

오월 바람에 흩날리는 무심한 꽃들
풀을 뽑는 노년의 손길 하나하나 소중한

무수한 돌처럼 단단하고 무성한
초록 사이로 무성했던 날들

악력이 센 노파가 서서히 절하고 뒤이어
돼지 입에 오만 원 지폐 한 장 한 장

절하고 또 절하며
안전운행을 기원한다

지리산이 푸르게 푸르게
요양원을 깊게 안아준다

DNR

이가 없는데 이가 아프다고 울부짖던 그녀
타이레놀 한 알로 잦아들던 그녀

통장에 돈 있으니 병원에 보내주세요
요양병원 침상에 누워 있던 그녀

어느 날 경련으로 중환자실로 옮겨
바리움 주사를 맞았고

그래서 오지 않던 딸을 만났고
코로나바이러스를 만났다

악악 새처럼
찾아들던 치통

타이레놀 한 알로 잦아들던 그녀

DNR과
DNR이 아닌 사람 사이에서

Do Not Resuscitate는 누구의 바람일까?
그녀는 모른다

다만 마스크 하나로 버티던 그녀는
코로나바이러스 앞에서

털썩
깊게 떨어지던 마지막 숨이 내내 떨어지지 않아

꺼지지 않는 모니터를 잡고
멈춰야 했던 시간 너머로

악악 울어대는 새 한 마리
영원히 꺼지지 않는 그녀의 통증

쑤꾸쟁이, 쑤꾸쟁이

 쑤꾸쟁이 밭에 앉아 쑤꾸쟁이 캐는 여인 뒤로 쑤꾸쟁이 두 자루 놓여있다 나물 캐던 여인이 돌아본다 쑤꾸쟁인가요? 맞아요 쑤꾸쟁이밭이예요 어릴 적 쑤꾸쟁이 캐서 엄마에게 가져가면 참기름에 맛있게 무쳐주던 쑤꾸쟁이 너물, 쑤꾸쟁이 하면 그리움이 쑥쑥, 되살아나는 쑤꾸쟁이 시절

 쑤꾸쟁이밭 지나 다슬기 수제빗집에 수제비 한 그릇 먹는다 푸른 나물 쑤꾸쟁이너물, 순식간에 나물 한 접시 비우고 또 한 접시 비운 쌉사래한 쑤꾸쟁이너물, 아스라이 너물 캐던 소녀 쑤꾸쟁이 하나 쑥 캐고 또 쑥 캐서 소쿠리에 넣은 쑤꾸쟁이, 오늘 이만큼 저녁 반찬 될까, 작은 손으로 한 줌 집어 부풀려보던 쑤꾸쟁이, 쑤꾸쟁이 찾아 도랑 옆 풀섶에서 쑥 캔 반가운 쑤구쟁이, 쑥 또 쑥쑥 쑤꾸쟁이 캔다 아스라이 쑤꾸쟁이 찾아 가던 길 쑤꾸쟁이 나의 쑤꾸쟁이 시절

웃음

우리 어머이 팔은 표고버섯을 닮았다
두꺼비 등을 닮았다
웃는다
이불 속으로 웃음을 감추고
누렇게 익은 똥처럼 웃는다

아래채

우리 집 아래채 고방 옆 아랫방에는 구렁이가 살았습니다
구렁이는 벽장 속에 살았는데
사는지 모를 정도로 나오지 않았는데
봄철 고모들이 놋그릇을 닦을 때 나왔다 들어가곤 했답니다

아랫방은 내가 온 책을 펼쳐놓고 공부하던 방이었어요
일등 하고 싶어서가 아니고
이책 저책 펼쳐놓고 하면 공부가 잘되었어요

아랫방 옆 고방에는 사과 향이 흐르고 있었답니다
고방 큰 독아지에 사과 조각이 둥둥

가정방문 온 담임선생님은 엄마에게 사과해야 한다고 했어요
사과주, 독 안의 사과…
그때 선생님이 사과할 게 뭐가 있나 궁금했어요

사과가 둥둥 뜬, 사과…

　사과를 보면
　엄마의 사과가 사각사각 다가오는 것 같아서

　꿈에 가끔 아랫방 옆 고방이 있던 자리
　우리 집이던 집 앞 골목에서 기웃기웃 서성서성 사과 향을 맡곤 합니다

　담벼락 귀퉁이에 서 있던 방아 나무에 방아잎 하나
　또 하나 방아 향 물씬 전 부쳐 먹고 싶은

　거기 뒤꼍 그 길 옆 따라 풀풀 아랫방 길

　내 앉았던 자리 풀이 하나둘 자라던 새 푸르둥둥한 곳이었다

아무튼, 꽃길 따라 헛걸음

꽃비 내린다

비에 내리는 꽃 위로
또 비 내리고

꽃이 떨어져 간 자리
퍼렇게 마음을 때리더니

기관 절개한 할미의 목
작은 피스툴라로 새는 하얀 액채

드레싱을 해도 자꾸 나오는 액체
석션을 할 수도 없다

인근 도시 이비인후과를 찾아 전화를 한다
큰 병원으로 가보세요

수술을 집도한 종합병원을 두고
돌아돌아 수술한 병원 진료를 본다

구멍 막을 수술을 해야 하는데
깜빡 잊고 병원에 안 갔어요

예약하고 두 달 후에 구멍 막을 수술을 해야 한대요
내시경으로 보니 감염은 안 되었대요

한숨 또 한숨에
떨어져 간 왕벚나무에 남은 꽃이
내내 헛걸음인 양하여.

산 아래 카페

노란 불빛이 흐르는
산 아래 카페

작은 스피커에 기댄 나무 기둥
장식인 줄 알았던 언젠가 나무였을 지금 나무인 저

기울고 비틀린 저 기둥을 타고 침묵을 타고

안젤리나 조던으로부터 메르세데스 소사까지
저마다의 각도로 흡입하는 밤

비탈리 샤콘느를 하이페츠로 장영주로 하이페츠로 다시

서로 다른 여인 셋이

아, 샤콘느는 하이페츠부터 들으면 위험해

폐부를 찌르는 현

목에 붉은 반점 하나

트럭 시동이 켜지고 후진하는 소리와 빛이
붉은 버짐처럼 지리산에 찾아드는

달리는 접촉사고 뺑소니범처럼
피아골 작은 마을로 달릴 고사리 소작농처럼

지리산은
사람을 끌어들이는 산 멀리 그냥 있어 바라보는 산이

침묵을 타고 울리는
저 기둥이
산 아래 있어
오래오래

노란 꽃창포

비에 흔들리는
창포처럼
흔들리는 마음

이슬비 맞으며
창포 창포
창포라도 보니

창포 물에
머리 감던
그 창포에
시원해지는 눈

창포 창포
창포라는 말이
참 시원하다

자꾸 창포 창포
하고 싶다

제2부

finger enema

검은 해바라기

 덜렁거리는 다리 안고 누워 감내해야 했던 시간도 있다. 부러져 어긋난 뼈 사이로 숨 쉬듯 피로 적셔지는 다리 몸은 알고 있어도 말할 수 없어. 부어오른 다리 창백한 얼굴 내 몸을 내 맘대로 할 수 없는 몸은.

 고인 사고를 흐르게 해 그건 생각의 사고야 부러진 골반 수술하면 위험해. 그냥 두고 거짓말처럼 새빨간 피를 한 양동이 흐르게 하는 사고. 빨갛게 새하얀 거즈가 흡입해야 할 슬픔 왜 나를 돌돌 말아 놓기만 해. 가운을 입은 사람 둘이 잡고 슬며시 내려놓는 다리. 눕듯 앉아 미음 몇 숟가락 떠 넣고 잠자면 아침이고 미음 몇 숟가락 먹고 나면 저녁이야. 썩어가는 몸혈관으로 흐르지 못해 푸른빛을 띠지. 원래 혈관이 약해서라고 하얀 거즈로 덮어 놓지. 내 몸에서 흐른 피. 한 양동이가 동영상으로 찍히는 것을 보았어.

비에 꺾여도 꽃을 피우는 해바라기야 네 옆에 지지대 하나 세운다.
담벼락에 기대어 죽어가는 해바라기야.

폴라리스

 차다, 문을 두드린다. 문에 대롱거리는 바람 지독하게 차다. 차니? 시려. 움직일 수 없는 발바닥을 털고 콩가루처럼 떨어지는 각질들이, 시려. 손끝으로 만져본다. 발바닥에 닿는 감촉 손을 씻지 마라.

 발목을 풀라 소리치는 소년은 문을 닫을 수 없어 입으로 문을 닫고 닫아도 열리는 문이 시려 발이 시려

 때리지 마세요. 언제 때렸어요! 눈은 이미 눈을 감고 남아 있던 눈동자는 일찍이 화음이 되어보지 못한 선율,

 웅덩이에 빠질 것 같아, 위를 봐, 하늘과 눈이 마주쳤어, 낭떠러지, 구름이 미끄러진다. 굴러간다. 하수구를 통과하지 못한 웅덩이

 물을 줘요, 그렇게 물을 주면 어쩌자는 거예요, 오줌만 싸요, 물 주세요! 목이 타는 소년의 입에 수

액 대롱을 물린다. 소년은 나무에 매달린다. 소년의 손이 비틀린다. 발목이 녹는다. 발이 녹아 내린다.

우두커니

개방병동 703호는 우두커니

오늘도 어제도 내일도

우두커니, 아까도 지금도 막

우두커니, 신1호는 눈을 감고

우두커니, 수건으로 눈을 가리고 누운 서2호는

쏟아지는 졸음도 우두커니 김4호는 옆으로 누워
발가락으로 꺼들먹대

내려앉은 천장도 우두커니

어떤 우두커니는 종일 맨 입을 오득오득 씹고
지금 막 지난 시간을 씹고

약 발인지 잠 발인지 잠만 자서 어떡하니?

밥 왔어요! 벌떡 일어나 우두커니

기저귀 차는 이5호는 자는 서랍을 뒤져 뉴케어 여섯 개를 찾아들고 우두커니

갈 곳 없는 슬리퍼가 복도를 쓸다 어떤 병실 앞에서 우두커니

이 개새끼, 도둑이야!

도둑이 된 한 노인이 입을 벌리고 우두커니

화장실에서 별빛처럼 물 내리는 소리 들으며 우두커니

복호마을

돌에 새긴 손톱자국

병실 바닥에 주저앉은 할미
소밥 잘 줬는지 걱정하던 복호리를 지난다

복호리 할미도 말했지
할아버지를 보면서 손전화기로 말했지

긁어줘 긁어줘
등에 피어오르는 작은 살 무덤

복호리 가는 철로에 붉게 피었제

벌거벗은 몸뚱어리 피멍 들었소
철로에 녹슨 기차 멈추고 시간도 멈추고

돌아 돌아 갈라요 갈라요 집에
갈라요 집에 갈라요

진달래 피는 집에 갈라요

개운한 역 지나 집에 갈라요

어른이 어떻게 기저귀 찬당가
나 집에 갈라요

거울 좀 주시오
얼굴 좀 보게

간병인 나니타

세탁기 안을 돌던 소리가
참 많이 돌고 돌아

사람 구를 때 나는 소리

독백하지
참 많은 사람의 노래를 듣지

가버리면 안녕
말도 할 수 없는데

입에 넣으면 반은 주르르
노랗게 흐르는 미음

주워 담아도 흐르는데
나니타 노랫소리 흘러 다니네

눕혀주고 일어나고
기저귀가 흥건한데

말하지 못해 손뼉을 치고
콧노래 부르는 나니타를 부르네

말해도 나오지 않는 더듬이는 낱말이 되지 못하고
목을 타고 애가 타고

콧노래 부르는 나니타를 부르네

노랫소리 때문에 못 들었을까?
귀가 먹어 못 들었을까?

콧노래 부르는 나니타를 부르네

배

왜 글게 배가 고플까
애기를 여삿을 나서 그래
예, 몇이나 낳았소 집이는?
나, 야닯
애기를 야닯을 낳아서 배가 커져 배가 고픈갑소
배가 참 고프겠소

같이 먹읍시다 어머이 드시오
콩물이 왜 그렇게 맛있다요

왜 글게 배고프다요
밥 좀 주시오
나 밥 안 묵었소 밥 좀 주시오
나 황전리 갈라요
걸어서 갈라요
하 걸어가야제
여기 구례요? 구례 맞소?

볼이 새파래져 뒤뚱거리는 아이
아래로아래로 내려가는 기억의 샘

어매 어머이

섬진강은 말없이 흐르고
벚나무 가지는 가려워 강물에 몸살을 앓는데

기어기어 끝으로 가는 생
길어도 길지 않은 긴 끈을

먹어도 먹어도 배고픈 배가 강물 위로 뒤뚱거린다

예 여기 구례요?

박수

할매 백 살 넘게 살고서 할매는 몇 살이요 백 한 살 어디 갔다 왔어 늙은 사람 죽어야 흥께 뽀대가 있을랑가 모르겠네! 산수유가 원수여 따다가 넘어 졌당게 몸뎅이가 찢어질 것 같아 집에 갈라요 집 팔아 병원에 돈 내고 접살이나 흘라요 아무도 없는 빈집 거작저작 사느라고 욕 보요 젊은 사람 있는데 가지 말고 우리는 집으로 갑시다 어머이 요리가요 언릉 가시오 신비리 밑에는 콩 뜯어놓은 것이 없어 흔적도 없든가? 뭘 싸놨는데 참 콩 천지네 참 요상 하네 할매 포대기 좀 갖고 와 아이고 느그들 있응께 얼마나 좋냐 애써 애쓴다 아이고 다리가 아파 애래 빠진다 다 어디로 가고 인제 헐게 없는게 오제 아이가, 좋은 사람들 다 어디로 가고 사방이 찌긋찌긋흠서 아파 모다 어디로 다 가서 오지를 않고 내가 꿈을 꿨그마 어째 한번 가면 생전 못 보고 모도, 다 보도 못해 한번 떠나간 게

    예, 여그 와 박수 치시오
    나는 평생 박수 치고 살았소

요양병원 집중치료실

다 불쌍해
오만 데가 다 불쌍해
손잡고 싶어

가느다란 실핏줄만 보이는 그녀
손을 잡고 놓지 않으려는 그녀
웃는 그녀
가만히 쳐다보는 그녀
없는 것처럼

쌀죽인 양 하얀 휴지를 허겁지겁 먹는 그녀
딸기 요구르트를 한입 두입 받아먹는 그녀

어째야 쓸까
어째야 쓰긴 그대로 살아야지
그래야 해
걱정하지 마

그녀는 웃으며 나는 새 한 마리 같았다

치매 병동

들어오시오
거기 한 무더기 걸터앉으시오

언니 지리산 오빠 집에 갔다 왔어?
집이 어디요 화개
집에 꽃이 활짝 필 때야 복사꽃
지금 삼월이요
이별이 옛말이여
쌍계사 벚꽃이 다 피었어
내일 아침에 가면 다 주서야겠어
내일 아침에 가면 꽃을
한정 없이 피었어
어찌 내 이름을 아요?
어찌 알고 왔소?
영리하요
내 딸 죽고 박 서방 간 데는 길도 좋다네

아줌마가 숭 봐싸요?
저녁 좀 해줄라요?

소쿠리 하나 퍼 담아놨어
밥 찬밥 남은 거
흰 운동화 나란히 침대 위에
도란도란 발가락 끈덕끈덕
우리 바둑이 집 나갔어
울 아버지 집에서 쫓겨났어
어디 사요?
칠불사 밑에 살제
할무이 밥이 왔어
아이가 발이 아프요? 신 신읍시다
아이고 예쁘요 각시가 어찌 그리 예쁘요

쉬었다 가시오
어디 사요?

모나리자

모나리자 구겨진 미소 지그시 눈을 감고
날 들여다보게 하네

알 수 없는 나라는 것
갈수록 아무것도 아니라는 걸

남는 것이 아무것도 없다는 것을
나 아닌 모르는 것들로 채워진다는 것을

숭늉처럼 마신 잠 앗아갈 때 심장의 고동을 듣게 하지

바닥에 귀대고 듣지 세상의 심장 파닥이는 소리를

검은 눈동자 알 수 없는 검은 손
하얀 손톱 하얀 얼굴은
어느 곳에나 있지 그 눈물 훌쩍이며

꽃은 언제 활짝 피나
죽어서 활짝 피나

피는 꽃들 누워 아니아니 지그시
죽어서 활짝

종로 3가

묵혀둔 그림에 햇살이 들어온다
행운목과 함께 침묵이 부스스 일어난다

파고다 공원의 노인을 렌즈에서 훔쳤다

첫 인물화
그 할배를 때렸다 마구

파킨슨으로 떨리는 팔과 다리
근육이 굳어져 잘 움직여지지 않는 노인

간호! 간호! 부르는 간호를

치매는 치매가 아니다
파킨슨은 파킨슨이 아니다

실물과 렌즈의 차이
실물을 담은 그림과 실물의 차이

난 손을 잡지 못했다

막 때렸다
밤을 때렸다
보고 있었다
옆에서 말하지 못하는 눈이 말하고 있었다

그림을 내걸었다 창을 조금 가리고
나의 첫 인물화

저녁에 잠서 가야 해

가야 해
저녁에 잠서 가야 해

언제 갈까 보시요
저 할매가 점드락 자요

하늘 위의 집

우리 집이 어디야?

구례군 용방면 죽정마을 산7번지

203호

　두 손은 바셀린으로 덧칠을 하고 비닐장갑 속에 끼워졌습니다
　한참 누그러진 양손이 풀려났습니다

물을 쓸 때 장갑을 껴야 해요
겨울에 어쩔 수 없어요
크림을 손톱 밑에 발라주세요

손톱 밑은 굳은살과 갈라진 살이 부스럭거립니다
어머니가 굳어진 살을 묽히려는지 침을 묻힙니다
어머니가 바느질한다고 자꾸 손가락에 침을 묻혀요

하지 말라고 해도 바느질한다고 침을 묻혀요
무릎까지 걷어 올린 다리에 파스가 가득합니다

송영

  손가락이 절단된 남자 노인은 집 앞에서 휠체어를 타고 노인복지센타 스타렉스를 기다린다

  지붕 위로 대추나무가 주렁주렁 열리고 호박넝쿨이 퍼져가는 집

  오후에 부인은 빈 휠체어와 함께 남편을 기다린다

  우리 마누라다!

  우리 집 다 와 간다!

  집에 다다를 즈음 스타렉스 안에서 환해지는 노인의 얼굴

  헤어질 때 세 손가락의 그와 악수하고 스타렉스는 다음 길을 간다

제3부

구례

소녀상

1919년 구례에서 태어난 최갑순 할머니는 14살에 독집기*를 하며 놀다 쌀밥과 고무신을 사준다고 해서, 아버지 대신 일본 순경에게 끌려가 만주 목단강에서 일본군들에게 짓밟혀 살았다. 해방 이후 고국에 돌아와 걸어서 구례에 온 할머니, 구례 평화의 소녀상이 되어 맨발로 걷던 섬진강 바위에 걸터앉아 꽃고무신 한 켤레 옆에 두고. "죄짓지 말고 살아야 한다." 소녀상을 지날 때마다 들려오는 음성 오래오래 구례에 살아난다. 영하 10도 매서운 추위 누가 할머니 목에 목도리와 검은 잠바를 입혀주고 갔다. 쓰고 있던 모자를 벗어 할머니에게 씌워주고 길을 간다.

* 공기놀이의 전라도 방언.

강감찬

 고려시대 강감찬 장군이 구례 섬진강에 와서 물소리가 시끄럽다고 도술을 부렸다. 물소리는 절벽으로 보내고 모기는 마을 밖으로 보내 물이 잔잔해져 잔수가 되었다는 섬진강 대첩 설화가 있다. 별빛 찬란한 잔수 섬진강 두꺼비 다리 아래 울어대는 두꺼비 떼 두치강 물결에 너울지는 청둥오리 떼 강감찬 장군을 불러낸다 다사강 가에 서서 잔수, 잔수가 되어 흐르고 있다.

골무사태

추억을 걷는다
해 넘어갈 때까지 집에 갈 생각도 않고 놀던 흙바닥을 걷고 있다

아스팔트로 맨도롬한 골무사태
가축병원 오른쪽으로 돌아 들어가는 골무사태

석주관에서

정유재란에 석주성에서 왜구를 물리치고
구례 의병 칠 의사의 묘가 모셔진 석주관에

내가 모르는 아버지의 기록이
업적비에 박힌 아버지의 길을 한 글 한 글 읽는다

아버지는 의병과 칠의사의 혼을 기리기 위해 석주관을 재정비하셨다

허허 아버지의 웃음소리

꽃이 피면 다시
꽃을 볼 수 있을 것 같은

아버지 안 계신 구례
아버지가 석주관을 지키고 서 있다

아버지의 주례

날달걀 하면 아버지 생각이 난다. 어머니가 아버지께 날달걀을 드리면 구례 사람이 결혼을 하고 아버지가 어김없이 주례를 서는 날. "너의 아버지가 내 결혼식에 주례를 보셨다" 수학 선생님의 이야기에 아버지가 자랑스러웠던 수업 시간. 구례 사람들의 결혼식 주례는 거의 아버지가 하셨다. 어느 날 아버지 주례 1호 결혼한 사람을 만났다. 아버지가 맺어준 부부가 몇이나 될까.

골무사태

 골무사태를 걷다 벽화를 만난다
 말라가는 생의 꽈리 넝쿨을 만난다

 버드실 정자에서 주홍빛 꽈리를 먹던 노인들에게 기꺼이
 살아서는 살아 있는 자의 먹이가 되어

 길을 가다 멈추고
 웃음소리 섞인 사람들 이야기 꽈리 넝쿨에 스며들어
 홀로일 수 없는 너를 보며

 거미알이 흘린 검은 알에서 깨어나는 거미처럼
 거미줄 그물에 걸린 거미처럼

 너의 넝쿨 타고 이제 어디로 가고 있어

금요 순댓국

순댓국 한 그릇 시켜 먹는다
국물이 시원하다
고춧가루와 새우를 넣고 먹는다
재채기가 난다
콧물이 난다
연신 콧물을 닦아도 콧물이 난다
옆에 한 남자가 순댓국 한 그릇 사 먹는다
후루룩 맛있게 먹는다
콧물 훌쩍이며 먹는다
콧물이 박자를 맞추며 훌쩍인다
흘끗 본다
꼿꼿이 앉아 순대 한 그릇을 먹는다
국물까지 깨끗하게 마신다

김치가 맛있어 내장과 순대를 넣고 김치에 싸서 먹는다
김치가 얼마나 숙성되었나 물어보니 2년 되었다고 한다
맛있다고 하니 싸줄 거냐 묻는다
염치 불고하고 싸달라고 한다

제법 많은 김치를 싸주시는 넉넉한 주인아주머니
김치찌개 해 먹어요
김치 봉지를 들고 나온다
김치만큼 시원한 겨울밤
그 남자도 나온다
주차해 놓은 차 시동을 걸고 액셀을 밟으려니
그 남자도 자동차 헤드라이트를 켠다
혼자 먹는 금요 순댓국밥
혼자도 혼자 아닌 듯 좋은
금요일 퇴근길
순댓국밥 집

말러리안

꽃은 피고 나는 춥다
말러를 듣고 말러를 들을 뿐
바이올린으로, 번스타인의 몸짓으로,
춤추는 비올라 첼로의 현으로

 잠시 멈춤으로 나 쉬고 그 멈춤으로 나 숨 쉬고 그 춤으로 나 그냥 추리라
 누구의 노래 아닌 나의 노래를

 왼쪽 귀로 말러가 들어온다
 왼쪽 어깨를 스치고 온다
 내 몸으로 들어오는 말러를
 멈추고 식어가는 너는 말러를 받는다
 내 손은 말러가 된다

 나는 피아노가 된다
 나는 호른이 되지
 나는 멜로디에 맞추어 파도를 탄다

나는 너의 이름을 몰라
너를 몰라도 좋아

나는 피아노를 치지
피아니시모, 피아니시시모

나는 호른이 되지
바순이 오보에가 되어
고인 슬픔이 날아

엄마 사진

 순댓국 먹다 도착한 카톡음 해묵은 사진 한 장. 꿈에라도 보고 싶던 엄마, 엄마의 쪽진 머리 엄마의 다양한 한복 속 엄마가 부른다 영숙아, 어디를 그렇게 쏘다니냐! 엄마가 부른다 구례 장날이면 친척들의 점심밥을 해결하던 엄마의 큰손, 내 밥까지 주고 방에서 못 나오게 했던 엄마. 나도 몰랐던 엄마의 모습을 이제야 본다 이제사 본다 엄마의 시선을 바로 볼 수가 없다 엄마 아닌 한 여인으로 응시하고 있는 깊은 눈매가 낯설다 너를 보면 고모를 보는 것 같다는 외사촌 오빠의 말대로 엄마 속에 내가 있다 엄마의 노랫소리가 들린다 마루에 놓여 있던 라디오에서 흘러나오던 회심가, 하얀 머리수건을 두르고 깨를 털던 해 질 녘 엄마, 엄마는 왜 회심가를 듣고 있을까! 불안하던 소녀가 앉아 있다 덕석 위로 깨 터는 소리가 들린다 회심가 한번 들어봐라 참 좋다 엄마의 소리 별빛처럼 쏟아진다

시나몬 향처럼 가버린

우유를 마신다 한 모금
전화벨이 울린다
한 모금 다시 머금고
커피 한두 방울 시나몬을 흩뿌려
우유를 마신다 불현듯
내게서 떨어져 간 사람을 생각한다
시나몬 가루처럼 우유 위로 떴다
마셔버린 그 맛이 떠나버린 것처럼
다시 시나몬 한가득 우유 위로 뿌려진 사람처럼
혀로 적셔지는 그 맛을 보던 사람들과 설렘을 보냈다
불현듯 어미 젖을 물던 새끼돼지 생각이 난다
사라지는 사람들 위로
검은 새끼돼지에게 하얀 우유를 먹이던 엄마가
보인다
따끈한 우유를 마신다
우유 위로 끈적한 막이 입술에 물린다
하얀 우유를 싫어했던 어린 내가 보인다
우유를 마신다
우유 한잔으로 마시던 하루 우유 한잔으로 하얗게
벗겨지는 밤의 막

화엄사 홍매

네 향을 맡으려고 아무리
그 향을 맡으려고
가까이 코를 대고 흠흠
숨어버린 그 향을
어둠 속에서 밤바람에 슬몃슬몃
그 향을 뿜더니만

홍매는 멀리 봐야 작은 꽃잎 한잎 두잎
꽃봉오리 맺힌 것은 내 애타는 마음이려나

네 곁에 계속 있을 수 없어 널
담으려고 네 옆으로 가 널 잡으려니
오늘은 시선이 흔들려 널 잡을 수가 없다
너를 옆에서 대하니 네 속눈썹에 걸려 숨을 쉴 수
가 없다

흔들리지 마라
내가 너한테 흔들리고 싶구나

보고 또 보고 너를 올려 보다

각황전 문고리에 걸려

지그시 내려다보는 네가
매화야
부처야

너 하나 겁도 없이 훔치고 싶은데

섬진강에 가면

휘 둘러보는 강에
금세 벚꽃이 휘날릴 것만 같아

섬진강 강이 있어 강물을 떠 마셨지
흘레붙어 흐르다만 강줄기를 보며

말할 수 없어
말로 할 수 없어

통곡하던 강이 있어 또
왔네

앉았다 가요
강물 위로 아지랑이처럼 피어오르는 사람

섬진강에 가면
생명이 물처럼 자라고 있어

물수제비 놀던 강에
멀리 멀리 떠오르는 얼굴

앉았다 가요
앉아도 앉아도 더 있고 싶은 곳에 앉아

아지트에 오면 우영이 입술은 빨간 립스틱으로 변한다

핏빛 단풍처럼 붉어진 마음으로
엄마를 만나러 간다

핏빛 단풍처럼 붉은 가슴으로
아이들을 만난다

학교 끝나고 어디 가지?
우리끼리 눈치 안 보고 쉴 수 있는 곳
나를 사랑하게 되고 나를 더 사랑하니까
친구들도 나를 좋게 봐주는 학교가 더는 무섭지 않아

아지트에 오면 우영이 입술은 빨간 립스틱으로 변한다
실컷 붉어진 입술

립스틱 때문에 붉어진 마음
립스틱 없이도 예쁜 입술
책가방 속에 있던 빨간 립스틱

작은 서진이 빨간 립스틱을 바르고 입술을 빠르
게 움직인다
 엄마가 그랬던 것처럼

 립스틱 색이 같은 듯 다르다
 아이들과 소통하게 된 립스틱 빨간
 그 빨간 입술, 피아골 핏빛 단풍처럼

여기, 여기예요

곳: Lo-fi, 구례 숲거리
왜: 랑데부 수진 ∞ 임유영 시집 오믈렛

　벽을 동그라니 터서 하나로 만든 작은 서점. 옹기종기 앉은 우리 사이. 임유영 시인은 시집 오믈렛을 낭송하고 숨죽여 듣는 우리. 누구는 눈을 감고 시 속으로 들고 누구는 무아를 또는 부정, 불안을 읽은 사잇길. 뮤지션은 동그라니 튼 벽에 앉아 기타를 치며 리듬을 탄다. 폭우가 지난 개천에는 흙탕물이 흐를 것이고 훤히 보이던 물고기 떼 어디로 갔을지 궁금한데 간간이 시인의 큰 눈동자가 천장을 구르는 사이 동동 구르고 싶은 발. 저리는 발. 옆 사람은 더 움직일 수 없어 오그라드는 몸을 감지하는 틈에 글렌 굴드를 좋아한다는 음악가의 구음이 호흡처럼 다가왔어! 누구는 몽환적이라고 하네 문득 이 안에 내 얼굴이 떠올랐지. 내가 보지 못한 내 얼굴. 몇 해 전 아주 몇 해 전 임상 실습 나온 앳된 간호 학생들 가운데 커다란 남자 학생의 얼굴. 다름의 얼굴 하나 나를 응시하던 그 눈동자들 가는 길은 하나였겠지. 나는 지금, 여기 벽 사이로 난 격자무늬 창문에 구멍을 뚫고 밖을 내다보고 싶어진다. 여기, 여기라고 말하고 싶은 건지도 몰라.

제4부

쇤베르크

쉼보르스카

자야 하는데
쉼보르스카가 붙잡는데
잠을 안 자면 지각이야

시편을 읽노라면 리듬에 빠져 잠을 잡을 수 없어
쉼보르스카 저 표정만 봐도 좋아

무질서 속에 누워 있는 사람들
소음으로 가득 찬 복도
잠재울 에너지 비축을 위해
자야 하는데

난
어디로 가야 할까?

돈을 위해
돈만을 위해
침묵하는 바쁜 걸음 때문에 삶에 묻어

그 열정 때문에 아직

나
그 열기가 식을 때까지
붉어지는

정다운 요양원

 바깥을 모르는 사람들 그 사이 늙어가는 사람들 사이
 일그러짐이 있다 그 사이 그녀가 있다
 영숙이는 왜 안 오냐는 포도나무집 미자 어머이가 있어
 부은 발과 발등에 차오르는 숨 잦아들게 하는 그녀는
 아주머이는 어이서 왔소? 하는 권사 어르신 때문에 간다
 눈이 찌그러지는 당신 빙긋이 웃는 할미들 땀시
 외로우니 가지 말고 옆에 있어 달라는 할미 땀시
 중앙극장 자리 요양원 도둑 영화 보다 걸린 낭만 땀시
 닫힌 창문 사이로 보이는 봉산이 있어 간다

세사르 바예호

안데스를 난다
케나 연주 어디서 들었었나

내게 찾아오는 세사르 바예호의 시가
겨울잠에서 깨어나게 한다

콘도르, 콘도르 날아오렴

우루밤바
하나둘 별이 커지던 계곡에 찾아오던 두통

이름 모를 밤의 화원
야마 눈을 닮은 아이의 눈

쇤베르크

 문을 여니 작은 새들이 감나무 밑에서 놀다 후드득 날아간다
 반야와 함께 니카라과 한잔

 꽃집을 지나치다 문득 지난 꽃집을 그냥 지나칠 수 없던 날을 지나칠 수 없어
 아무렇게나 꽂은 꽃들에 초코렛 하나 달콤을 더해 마리 로랑생 잔에 새겨진 엘리스를 보며

 앙상한 겨울나무 가지 사이로 던진 배설물 이제 날아갈 때가 되었나 보다
 사라진 것을 사라진 지도 모르고 살아온 것을

 흙이 짓이겨진, 운동화에 묻은 흙을 떨어내려 애쓰는 세상에 슬픈 노래 하나 짓지 못하고
 짓지 못하고 처마에서 뚝뚝 울어준다 대신

 딸깍발이,
 밤의 고속도로 달리며 구례 오는 길 깨진 안테나

를 연결할 수 없어

  이제 들꽃을
  꽃을 살 필요 없이
  흐드러진 길에 흐드러져서

  겨울밤은 달과 금성과 화성이 일직선으로 흐르고
  쇤베르크의 달에 홀린 삐에로가 흐르고

버지니아 울프

 버지니아 울프의 파도를 읽다 파도에 소용돌이 쳐 파도가 된다 파도를 들면 파도가 파도 친다 파도를 놓고 울프의 일기를 편다 파도를 읽다 잠을 놓칠 것이기에 그 울프는 어느 토요일 달콤한 침묵을 한 모금 마셨구나 나는 오늘 공허한 침묵을 나누었어 모두 잠들고 시린 목도 잠들고 불안의 밤도 잠들고 단지 잠들지 못한 것은 소통 잠을 잘 수 없어 파도치는 마음, 밤 안에서 밤을 읽던 밤의 바퀴를 돌려 삐걱대던 밤 안에서 내 안의 소리를 듣고 싶어

조응

모니카가 하루 사이 시들해졌다
끓는 물에 10초 담갔다 절화한다

네가 좋아하는
파비오 칼베티와 함께 리시안서스

네 이름은 뭐니
푸른 이파리를 가진 너 꿋꿋하게 버텨주는 너의 이름을 말해줘

에곤 실레 곁에 블타바강이 보이는 골목을 서성인다

스킨답서스 여전히 그 초록 잎맥 당당히
장미 콘솔 위에 아이리스와 함께

시골 냄새

여인은 하릴없이 엽서를 고르고 목적 없이 그림을 배열하고
찻집 한쪽에서 들려오는 청년들의 대화가 여인의 귀에 걸린다

시골에서 맑은 공기를 마시려고 하는데
비닐을 태우는 게 말이 돼

요가 옷과 요가 수건에 땀이
세상에 숨쉬기 힘들다

시골 냄새가 따라와
매장에 따뜻한 냄새가 나

나무 타는 냄새
목초 타는 뭔가 시큼한 냄새가

서울 사람은 모르잖아
구구절절 설명해야 하는 거야

서울 갈 때 향수 뿌리고 가는 거야
시골 사람 특유의 냄새

기생충이야

빨래에서 섬유 유연제 냄새가 안 나

동네의 냄새가 나 바람에 날리니까

하하하 방법을 찾아야 해

불 때고 그런 냄새가 안 빠져

끝장이야 그 할아버지 냄새 그 냄새를 설명할 수 없어
거기서 어설픈 향수 뿌리면 박살 나는 거야

섬진강

섬진강 따라 동풍에 절로 가는 몸
강둑 아래 몸을 피해

백사장 아닌 풀 사이길, 풀 사이 삐져나온
돌미나리 훑어보는 발길 때론 손이 되는 발길 따라가 보았네

섬진강에 노니는 청둥오리 떼 어느새 흩어지는 오리 떼
어떻게 알아차릴까? 내가 다가가는지

너는 어디서 왔니?
포드닥 포드닥

구례 구례
나는 구례 산다

구례장

　헌책들이 가지런히 누워 "1주일 빌리면 500원" 유독 신경림 민요 기행이 누렇게 변한 눈빛으로 다가오고, 브레히트의 강한 시선 뿌리칠 수 없어 아! 어디서 불어오는 퀴퀴한 냄새 담배 안개 마셔본 적 있소? 쥔은 어딜 갔나 주인 어디 갔어요? 밥 묵으러 갔는갑네요, 빼꼼히 문을 여니 커피 향이 퍼지고 최백호는 하얀 겨울에 떠나라 하네 어이 송만갑 선생 민요 따라 구례 왔다 그냥 가버린 신경림 선생 구례장에 불러 농부가 한 소절 불러줘요! 황매천은 지나면서 동편제 판소리를 몰랐으까 몰랐으까, 여기가 어딘가 흐면 여성 국극단 울려 퍼지던 구례장 아니던가! 절골에 불던 구례 줄풍류 훑고 지나는데 나뒹구는 의자 뻘쭘한 지멘스 스피커 옆에 말라빠진 산나물 찌든 바람 타령이야, 들이닥친 주인장 니카라과 한잔 드립 해주는데 흙냄새 묵직하고 아련하니, 느닷없이 들이닥친 바람 "어디 구례 싼 집 없소?" 여기 바로 귀촌한 사람들 사랑방인가?

알바루 드 캄푸스

 페소아의 다른 페소아의 시가 흘러
 모과 향이 열린 문틈으로 흘러들어오는 알바루 드 캄푸스

 노트북은 검게 잠들고 아이폰을 자꾸 연다
 써야 하는데 흘러버리면 주워 담을 수 없는데

 포인세티아는 얼어 늘어지고 모과는 색이 변해간다
 마지막 향을 공간에 남기려는 듯 고약하게

 빚진 마음으로 펼친 페소아 넘쳐흐르는 페소아
 어디로 갔을까 나의 언어는 어디로 갔을까

 느려지는 키보드 용량처럼 늘어지는 숨
 심연 깊숙이 내려가기 위해 숨을 참아야 한다면 모르지만

구례 오일장

3일 8일이면 구례 오일장으로 모여드는 사람들, 해남에서 온 동글동글 눈독 들인 밤고구마 동네 아이 늙어가는 가야식당 오일장 초입 시래기 해장국 먹고 싶은 가야식당 기웃기웃, 5일마다 문 여는 '오센집' 웃음소리 밖으로 새 나오지 토지에서 온 할미 복대하고 도토리묵 팔고 있어 당근 하나 더 주고 또 하나 더 덤으로 주는 손길 친정엄마 같은 할미손 지지 껍데기처럼 거칠어진 손 여인의 손이 엄마 손 되어가지 할미 손이 되어가지 뭉툭해지는 손가락 반지란 반지는 다 맞지 않아 휘어진 금반지 휘어지는 손가락, 캄보디아에서 온 여인이 하는 만둣집에서 김치만두 사서 오이 파는 단골 할미와 나눠 먹고 누비는 장 아침 햇빛에 눈을 뜰 수 없어 한참을 굽어진 허리 밀고 장 보는 할미 짐수레에 걸린 세월 흥건한 초장, 엄마와 함께 하던 우시장 엄마 손에 자란 흑돼지 팔아 자식들 대학 보낸 우시장 찾고 있는 여인의 장

하늘 수박

노란 열매 하늘 수박
금세 땅에 떨어질 듯 길게 늘어뜨린 노란 열매
그 옆으로 가 열매를 만져본다
껍질을 까서 본다
노란 속에 씨가 가득하다
겉은 참외 같기도 하고 수박 같기도 한 노란
속이 꽉 찼는데 아무 것도 없는 듯이 노란 열매 속이 터진다

가다 보니 이 노란 열매 또 길게 매달려 있다
아슬아슬 하늘 타다
땅에 떨어질 듯 속이 터질 듯이
네 나무는 어디로 가고 대나무숲에서 나와
너를 훑고 간 것이 무엇인지
네 몸은 말하라고 하늘로 가고 있나
뚝 뚝 떨어지는 너의 살 주고
하늘 수박 하늘에서 내려오고 있다
하눌타리 타고 하늘에서 내려오고 있다
잎도 주고 씨도 주고 뿌리 하나
버릴 게 하나 없는 하늘 수박

숲거리

노란 개양귀비 숲
요람으로 가요

숲거리 작은 길로
가는 길로 저수지 가는 길로 가요

어디서 흘러오는지
모르는 작고 푸른 저수지

작고 푸른 저수지

조금만 더 가면 저수지가 있을 거야
한 번도 가보지 못한 저수지

그 속에 한 아이가 살고 있을 거야

쓸 수 없는 너의 이미지
몸속에 남아 흐르고 있어

푸른 저수지 깊은 곳에서
너를 부르고 있어

목소리

 절로 드는 잠 공허하다 아니 더욱 공허해 공허해 져! 들뜨고 설레지 못한 마음 밖은 어두워지고 비 온다.

 저 년은 비만 오면 구례 온다는 엄마의 목소리가 아스라이 들려온다.

 집 앞에서 개 한 마리 쓰레기통을 뒤지고 있다. 개와 눈빛이 마주쳤다. 멈춘다. 개가 옆을 서성이며 눈치를 살핀다. 쓰레기통 옆에 비 맞은 도라지꽃, 보랏빛이 핸드폰에서 빗방울에 떨고 있다.

 보도블록에 비친 비 빛, 가는 빗줄기가 연무처럼 목을 적신다. 자동차 안에 슬픔이 물밀 듯해 차에서 내린다. 비 비린내가 어둠을 뚫고 속이 메슥메슥 하얀 아사 가디건을 삐져나온 살이 낯설다.

 저 멀리 멀어진 마음, 마음은 마음을 둘 수 없어 풀이 죽고 풀이 돋고 생명이 돌고 슬픔이 돌아 슬

품 속 슬픔이 되고 슬픔이 되면 내가 없어지겠다.
내 슬픔이었습니다.

쪽밭에서

초록빛 쪽이 쪽빛으로 물들다는데
초록에 쪽빛이 보인다는데

아무리 봐도 초록밖에 보이지 않아
초록 쪽잎만 쳐다보고 또 보고

빛을 받아 쪽빛이 될까 한참을
바라보며 쪽빛을 기다리고

기다려도 쪽빛이 없다.
쪽 내음 쏙쏙 올라오는데

쪽 밭에서 쪽잎 아래 귀뚜라미 쪽빛으로 울다
쪽에 붙어 꼼짝을 않네

쪽잎처럼 붙어
쪽잎처럼 온통 쪽잎처럼

쪽빛으로 물들기를 기다리는데
귀뚜르 울음소리에

뚜 뚝 붉은 자주 꽃이
쪽빛이 될까?

귀뚜르 쪽빛에 물들어
쪽빛으로 물들게

쪽빛으로 울어
쪽빛으로 음악이 흐르는데

섬진강이 흐르는 구례

　아이야 놀자 노래하던 발자국에 맞춰 쏟아지던 별빛 감청색 하늘 차가운 그림자 네 그림자에 놀라 그림자 하나 또 그림자 하나 자정 너머로 매달리던 졸음, 자칭 결핍 덩이들과 함께하던 막차 놓칠세라 달리던 2호선 계단을 뛰어 내려가던 창에 쓰인 시인의 사랑, 사랑을 되뇌던 아픔 이제 계피 향내 나는 곳 유년이 오르던 봉산을 바라보며 섬진강 흐르는 구례 오니 조카라고 반긴다 그녀의 기억 속에 살아나는 고모로 살아본다

붉은 베틀재 옥이내 건너

  고모로부터 전해 들은 여순 10·19 사건. 할아버지는 면사무소에 아버지는 군청에 근무한 관계로 봉기군이 자주 우리 집에 들이닥쳤다고 한다. 사성암을 바라보며 마루에서 듣던 엄마의 여순 10·19 이야기. 반란군이 내려와 밥해 달라고 해서 밥을 해주었다고. 진압군이 사람 손목을 사내키 꼬듯 줄지어 지리산 베틀재에 끌고 가 사살했다고 한다. 피눈물이 흐르던 옥이내를 바라보고 있다.

양쟁이 깽변

"14연대가 아버지를 잡아가 기관총으로 쐈어 만삭의 엄마가 데굴데굴 굴렀어 그래서 아기가 죽었어! 그때 내 나이 13살, 나는 죽은 동생을 안고 할아버지는 괭이를 들고 산으로 가서 애장 단지에 묻었어! 그 뒤로 동네 어른들 따라 장돌뱅이가 되었지."

"동방 천에 다리가 없어 미영 바지를 입고 모래주머니를 쌓아 다리를 만들어 14연대가 동방 천을 건넜어. 기관총으로 아버지를 다다다 쏴댔지. 한 구덩이에 시신을 몇 구씩 집어넣으니 피가 펄떡펄떡 튀어 올라 얼굴에 소나무를 덮어놨어 송장을 안 찾아가면 가족을 쏴버리겠다고. 얼굴도 몰라볼 정도로 아버지는 무자비한 죽음을 당했어"

나는 지리산이 보이는 간문 천변을 걸으며 간문초등학교 학살 현장을 바라다본다

비가 추적추적 내리는 날 당시 소년 소녀는 유족이 되어 그날이 어제 일처럼 생생하다. 무고한 구

례 사람들의 주검. 1948년 10월의 역사 간문초등학교를 지나 토금마을을 지나 반냇골을 지나 파크골프장이 된 양쟁이 깽변. 그 핏빛 섬진강은 말없이 흐를 뿐이다.

동백

눈에 가물거려 다시
느랭이골 비밀의 숲 지나

섬진강 건너 돌아 한 손으로 돌아
저 불상 눈에 걸려

한참 바라보고 지나치다 또 보고
보고 다시 들여다보고

그래도 모를 저 불상
아무 말 없이 내려다보고 있다

눈을 보소
입가의 미소를 보소

너는 옆에서 앞에서 셔터를 누를 동안
저 불상 뒤에서 동백 웃기만 한다

해설

노동-운동이 감춘 비밀과 그가 흘리는 애수 혹은 미소

정과리

운동 그 자체로서의 시

이촉 시의 가장 두드러진 특징은 운동 속에 있다는 것이다. 그의 시는 관조하지 않는다. 따라서 묘사하지 않는다. 그의 언어는 운동 중에 자연발생적으로 몸에서 배어나는 사색의 액체이다. 요컨대 그의 언어는 조용히 땀을 흘리는 것이다. 왜 조용한가? 운동에 집중하고 있기 때문이다. 운동과 언어 사이에 간극이 없다. 언어가 곧 운동이며 운동이 곧 언어이다.

하지만 이 말은 섬세하게 분별되어야 한다. '언어가 곧 운동'이라는 말은 '언어가 운동을 즉각 표현한다'는 뜻을 함의한다. 반면 '운동이 곧 언어'라는 말은 '운동이 언어를 내장하고 있다'라는 뜻이다. 운동이 언어를 내장한다는 말은 운동이 순수한 질량이 아니라는 것을 가리킨다. 그것은 특정한 의지와 방향을 가진 운동이다.

하지만 어떤 운동이든 의지와 방향을 가지고 있지 아니한가? 가령 아침에 왜 사람들이 뛰나? 몸무게를 줄이기 위해서이다. 뚜렷한 의지와 집중된 방향이 있지 않은가? 그런 얘기가 아니다. 몸무게를 줄이기 위해 운동한다고 할 때, 그 운동은 '몸무게를 줄이는 사업'에 동원된 '운동'이다. 즉 '탈비만'과 '운동' 사이에는 분리가 있으며, 전자는 목표이고 후자는 도구라는 얘기다. 이촉의 시에서 '운동이 언어를 내장하는' 형국은 운동을 도구로 사용하지 않는다. 운동은 언어 그 자체, 즉 의지와 방향 그 자체라는 말이다. 일찍이 만해 선생은 「잠꼬대」라는 시에서 "사랑이라는 것은 다 무엇이냐 진정한 사람에게는 눈물도 없고 웃음도 없는 것이다"라고 쓰신 적이 있다. "눈물도 없고 웃음도 없는" '사랑'이 그러하듯, '진정한 사람'이 행할 운동은 어떤 다른 무엇을 파생하거나 거느리지 않는 것이다. 오로지 운동 그 자체로서 모든 것을 포함하는 것이다.

일례를 들어보자.

레이를 타고 뒷좌석은
휠체어를 탄 여자 어르신을 태우고
응급실로 향한다

복부가 팽만되어 오는데
관장하고 rectal tube라도 꼽고
금식하고 수액을 주입해야 할 판인데

요양원에서는 할 수 없어
응급실로 달린다

촉탁의에게 미리 전화로 보고하고
보호자에게 병원 진료가 필요함을 설명하고
동의를 얻어
응급실로 달린다

엑스레이를 찍고
예견대로 가스와 대변이 찬 장
이런 거로 입원은 안 돼요
하루 입원은 안 돼요

입원 결정은 간호사가 하는 것인가?
젊은 당직 의사는 침묵하고
똥을 여기서 치울래요?
가서 치울래요?
관장 대신 내뱉는 간호사의 말, 말

일단 관장해 주세요

글리세린 관장하고 하는 말
기저귀는 가져왔어요?
물티슈는 가져왔어요?

안 가져왔으면 청구할게요

관장약이 새지 않도록 항문을 막고 있다
한참 만에 나오는 대변
장갑을 겹쳐 끼고 대변을 받는데
시원하게 배설되지 않는다

손가락으로 항문에 걸친 대변을 파고
항문괄약근을 마사지하며
finger enema를 시도한다

슬그머니 응급실 밖으로 나가는 원장
고뇌에 찬 로댕이 된다

입원하면 한 명이 빠져나가 고민인 원장
어르신 입원하여 고비를 넘겼다면 안되나요?

한 명 오니 또 한 명 빠져나가네!
휘파람 불듯
니코틴 냄새 풍기며

어두워진 도로를 달리며
계속되는 배설을 막으며 대변은 요양원으로 달린다

아 푸른빛 저수지 용두를 지날 즈음
날카로운 빛이 쏘아댄다

보호자한테 전화했나요?
전화할 시간이 어딨어요?

찍
흥분을 참지 못하고 갓길로 차를 세우는 원장
그 언어는 이미 간호사를 한 대 치고

뒤에 어르신 타고 계시잖아요
요양원으로 가요

요양원 원장과
간호사와
어르신의 침묵 농도

어둠 속을 달린다
각기 다른 침묵의 속도로   (「finger enema」)

운동의 리얼리티로 가득 찬 작품이다. 이걸 묘사로 본다면 이 정도로 꼼꼼한 세목 묘사를 보여주는 시를 찾기가 어려울 것이다(물론, 이미 말했지만, 이 시는 묘사 너머에 있다.) 여기에서 첫 연을 먼저 보자.

  레이를 타고 뒷좌석은
  휠체어를 탄 여자 어르신을 태우고
  응급실로 향한다

  이 연의 내용은 간단하다. 환자인 "여자 어르신"을 타고 응급실로 간다는 것이다. 이 내용만 보면 목표가 뚜렷하고 운동은 그 목표에 봉사한다. 즉 여기에서의 운동은 도구에 불과한 듯이 보인다. 그러나, 아니다. 우선 운동의 도구가 하나가 아니라 복수라는 걸 유념하자. "휠체어를 탄 여자 어르신"을 태운 "레이를 타고" "응급실로" 달리고 있다. '레이'는 달리는데 휠체어는 달리지 않는다. 게다가 이 '레이'의 운동은 존재이유가 희박하다. 왜냐하면 이 환자의 발병에 대비한 조건들이 갖추어져 있으면 달릴 필요가 없기 때문이다. 그래서 다음 연에 이렇게 썼다.

  복부가 팽만되어 오는데
  관장하고 rectal tube라도 꼽고
  금식하고 수액을 주입해야 할 판인데
  요양원에서는 할 수 없어

응급실로 달린다

　할 수 없이 달리는 것이다. 그리고 점점 읽어나갈수록 독자는 환자를 위한 운동이 거듭 장애물에 부딪치는 광경을 목격한다(그 광경들의 풀이는 생략하기로 하자. 이 해설을 읽는 독자들께서 직접 음미하시길 바란다. 이 시는 음미할 가치가 있다.) 따라서 여기에서의 운동은, 좀 더 정확하게 말해, 도구로서의 운동은 상당 부분 무기력하다. 그럼에도 불구하고 운동의 강도는 여전히 높다. 왜냐하면 실제의 운반기구만이 운동하는 게 아니라 화자의 다급한 마음과 이곳저곳 관계자들과의 상의, 그에 대한 무척 다양한 반응들 및 환자의 '침묵'(침묵도 운동이다. 공포 혹은 불만 기타 등등의 마음 혹은 의식 정지 등이 작동하고 있다), 그 무수한 반응들에 다시 반응해 어지럽게 교차하는 나의 고민 등이 일제히 운동하고 있기 때문이다. 궁극적으로 이 시가 보여주고 있는 것은 특정한 운반기구의 움직임이 아니라, 마지막 연에 기술된 대로 모든 것들의 아주 이질적이면서 부조화를 일으키며 충돌하는 운동들이다.

　어둠 속을 달린다
　각기 다른 침묵의 속도로

그러나 그럼에도 불구하고 이 암흑의 질주는 멈추지 않는다. 이 멈춤 없는 운동은 정향을 상실하고 마냥 달리기만 하는 것 같다.

 이 시는 그러니까 이상의 「오감도 1편」의 21세기 실사 버전이다. 「오감도」가 까마귀의 눈길로 불길하게 조명하고 있는 이 질주의 의미는 무엇일까? 이에 대한 분명한 대답을 듣지 못한 채로 한국의 독자들은 무려 1세기 동안이나 그 질문을 멈추지 않았다. 왜냐하면 그 질주에 무언가 의미가 잠복되어 있을 것 같기 때문이었다.

 즉 「오감도」에 대한 기대는 의지와 지향 그 자체로서의 운동, 즉 '언어를 내장한 운동'으로서 그 시를 바라보았기 때문이라고 할 수가 있다. 「오감도」에 대한 기대는 이촉의 시 「finger enema」에도 그대로 적용된다. 독자는 이 생생한 묘사 속에 표출된 급박하고도 우왕좌왕하는 움직임이 그 자체로서 현실에 대한 모종의 증언이자 현실 그 자체를 이끌고 가는 운동이 아닌가, 궁금해지는 것이다.

궁금한 비밀의 형태론적 전말

 일단 독자는 시는 몇 개의 대답을 가정해 볼 수 있으며, 더 나아가 그 대답의 의미를 시적 효과로서 음미할 수도 있다.

첫 번째로 가능한 대답은 한국 의료 환경의 비체계성에 대한 재현이자 고발로서 이 시를 읽는 것이다. 그 양상은 지금 한국의 대형 병원에 가면 실제로 적나라하게 벌어지고 있는 것이다. 그러면서도 이 지리멸렬은 더욱 심화되어 가는 중이다. 이 엔트로피의 작동 양상을 누구도 돌릴 수가 없다. 생명이 역-엔트로피에 의해 유지되는 것이라면, 이는 체제의 퇴화과정이 아닌가?

그러나 이런 대답은 무리가 있다. 우선, 시의 리얼리즘은 전체 시편들을 두고 볼 때 비중이 약하다. 다음, 이 대답은 시의 양상 자체를 '운동성'으로 보기보다는 파행으로 보고 있다는 것이다.

그와 유사한 대답으로서 두 번째 대답이 가능하다. 개인들이 감당하기에는 너무나 복잡하고 다기화된 문명 사회에서 벌어지는 각종 해프닝에 대한 풍자 혹은 자조로 볼 수 있다는 것이다. 이 역시 시의 양상 자체를 운동성으로 보기보다는 파행으로 본다는 점에서 독자의 기대에는 미치지 못할 것이다.

물론 독자의 기대를 절대적인 지표로 삼을 수는 없다. 그러나 저 옛날 메리 루이스 프랫Mary Louise Pratt이라는 미국의 여성 평론가가 주장했듯이, 어떤 시든 일단 시로 제출된 이상은 최밀도의 언어로 직조된 미학적 대상으로 간주할 필요가 있다. 독자는 최대의 노력을 기울여 그 안에서 귀중한 문학적 가치를 찾아 밝혀야 하는 것이다. 단 필자가 판단컨대 기본적인 조건이 네 가지 있으니, 그 중 둘은 실증적 근거와 논리적 일관성이다. 이는 일반적인 인식의 증명에 있어서도 마찬가지로 필요한 조건이겠지만, 미학적 작품일 경우, 조건 둘이 추가된다. 첫째, 독자의 감동, 즉 작품을 둘러싼 작가(시인)와 독자의 체험적 진실의 교류이다. 그리고 다음엔, 이 감동의 회로가 작품의 영원성을 보장해줄 수 있어야 한다는 것이다.

 이것이 이상적인 상태에 놓인 작품에게 요구되는 네 개의 조건이다. 모든 문학 작품이 이런 이상적인 상태에 놓일 수는 없으며, 독자들은 그보다 열등한 수준에서도 다양한 미적 체험을 향유할 수 있다. 다만 이상적 상태의 최대치를 도약을 위한 웜홀처럼 가정하면서 텍스트를 쓰고 읽는 것만이 인류의 미적 생산이 거듭 진화시킬 수 있으리라는 건 자명하다.

 이런 관점을 유지하면서, 이촉의 위 시를 사회적 재현이라는 측면에서 눈길을 돌려 시인 자신의 경험이라는 측면에서 바라보자. 우선 이 시각의 전환은 기본적으로 타당한데, 무엇보다도 이 시집에 실린 시편들이 두루 시인의 실제 생활을 바탕으로 씌어진 것이기 때문이다.

 이 각도에서 보면 제일 먼저 눈에 띄는 것은 앞 절

에서 살폈던 '운동'이 '노동'이라는 사실이다. 독자는 그의 직업을 금세 알아차릴 수 있다. 그는 아픈 사람을 돌보는 직업을 가지고 있다. 아니, 수행하고 있다. 그 점을 고려할 때 앞의 시를 포함해 이촉의 대부분의 시는 '돌봄 노동의 고단함'과 '애수'를 표현한다고 볼 수 있다. 그것은 헌신의 의의와 동시에 헌신의 공허함을 동시에 비춘다. 사적인 이득이 아니라 공공적인 선을 수행하는 데 자신의 몸을 쓰는 것, 그것이 헌신이다. 그런 헌신이 사회적으로 예찬될 때조차도 실제 그에 합당한 최소한의 보상, 심지어 정신적인 보상마저도 주어지지 않는다. 압도적인 다수의 사람들은 돌봄을 받을 때를 제외하고는, 아니 그동안조차도, 그 의미를 모르는 경우가 태반이다. 그것이 공허의 출발점이다. 그러나 이촉의 시들은 보상에 초점을 두고 있지 않다. 그보다는 헌신의 효과에 대한 비애감이다. 임사 직전의 환자들에 대한 모든 '케어'는 결국은 망자의 최후를 그럴 듯하게 장식하거나 불가능한 수명 연장의 시도에 불과한 것이 아닌가? 그건 헌신을 자기위로에 쓰는 것은 아닌가?

'돌봄 노동'이라는 체험의 다양성과 정서적 반응들과 지적 고뇌들의 복합체로서의 '시인의 마음과 손 사이에 놓인 의식의 회로'로부터 배출된 게 이촉의 시이며, 이 시들의 정서적 소통의 기본 주제는 '아무리 진실하려 해도 공허한 삶의 애수'라고 정의할 수 있을 것이다.

 이런 해석이 어느 정도 이 시집의 시편들에 대한 무난한 정의라고 할 수 있다면, 이는 또한 치명적인 약점을 노출하고 있다. 그것은 '공허에도 불구하고'라는 구절로 요약될 수 있다. 진실하려고 하는 지향의 비효율성에도 불구하고 그런 삶을 지향하는 사람들은 왜 꾸준히 출현하는가? 아니 시에 국한해서 말한다면, 그런 무상한 삶이 어떻게 운동의 본래적 성격을 회복하고 지속적으로 수행되는가? 요컨대 이촉의 노동은 운동이 되어야 하는 것이다. 오늘날 '노동 운동'이 이상한 보상 회로 속에서 파행을 겪고 있지만 본래 노동 운동은 노동 가치에 근거하는 것이다. 아니, 그래야만 한다는 것이 필자의 생각이다. 노동 가치에 근거할 때만이, 보상 회로도 정상적으로 작동할 수 있다. 달리 말하면, 그 작동을 비정상적으로 만든 것은, 오로지 '사용가치/교환가치'의 이분법, 더 나아가 '사용가치/교환가치/기호교환가치'라는 복합이분법에 근거해서만 노동을 파악해 온 철학자들의 사시(斜視)이다. 노동가치의 근본적인 의의를 스스로 의식하지 못하면서도 끊임없이 일깨워 온 이들은 바로 작가, 시인들, 그리고 그들의 텍스트에 생산적인 활기를 불어 넣었던, 가령 바슐라르나 김현이나 롤랑 바르트같은, 비평가이다.

 여하튼 이촉의 시는 그런 의미에서의 '노동 운동'

을 적실히 수행하고 있는가? 이 질문에 대한 대답의 최초의 실마리는 왜 그가 이런 직업에 뛰어들었고 그것을 천직으로 삼고 있는가, 이다. 그 단서를 통해 독자는 이촉 시에서 등장하는 '헌신'의 까닭과 더불어 그 의의를 이해하는 데에 한 걸음 더 나아갈 수 있을 것이다. 그 단서의 통로까지 가보자.

이촉의 시편들을 읽다 보면 돌봄 노동의 생활과는 다른 제재를 다룬 시편들을 종종 만날 수 있다. 주로 그의 유년시절과 관련된 추억담들이다. 그리고 그 시편들은 대체로 많은 부분을 감추고 있다.

제일 먼저 등장하는 시편을 읽어보자.

우리 집 아래채 고방 옆 아랫방에는 구렁이가 살았습니다
구렁이는 벽장 속에 살았는데
사는지 모를 정도로 나오지 않았는데
봄철 고모들이 놋그릇을 닦을 때 나왔다 들어가곤 했답니다

아랫방은 내가 온 책을 펼쳐놓고 공부하던 방이었어요
일등 하고 싶어서가 아니고
이책 저책 펼쳐놓고 하면 공부가 잘되었어요

아랫방 옆 고방에는 사과 향이 흐르고 있었답니다
　고방 큰 독아지에 사과 조각이 둥둥

　가정방문 온 담임선생님은 엄마에게 사과해야 한다고 했어요
　사과주, 독 안의 사과…
그때 선생님이 사과할 게 뭐가 있나 궁금했어요

　사과가 둥둥 뜬, 사과…

　사과를 보면
　엄마의 사과가 사각사각 다가오는 것 같아서

　꿈에 가끔 아랫방 옆 고방이 있던 자리
　우리 집이던 집 앞 골목에서 기웃기웃 서성서성 사과 향을 맡곤 합니다

　담벼락 귀퉁이에 서 있던 방아 나무에 방아잎 하나
　또 하나 방아 향 물씬 전 부쳐 먹고 싶은

　거기 뒤켠 그 길 옆 따라 풀풀 아랫방 길

> 　내 앉았던 자리 풀이 하나둘 자라던 새 푸르둥
> 둥한 곳이었다　　　　　　　　　　　(「아래채」)

　제목이 「아래채」인데, '아래채'의 '아랫방'은 좀 더 정확히 말해 '고방 옆 아랫방'은 '내가 공부하던 방'이면서 '구렁이'가 살고 있었던 곳이다. 그리고 '구렁이'는 아래채 벽장 속에 살면서 "사는지 모를 정도로 나오지 않았"다. 이에 미루어 보면, 화자 자신과 관계된 '온전히 드러낼 수 없는 사건'에 관한 시라고 짐작할 수 있다. 구렁이는 벽장 속에 감추어둔 모종의 사연을 가리키는 환유적 표지이다. 영어 속담에 "coming out of the closet"(이 말이 요즘 일상화된 용어, '커밍아웃'의 기원이다)이란 말이 있듯이. '벽장'은 비밀의 장소이다. 그리고 구렁이는 '저사람은 능구렁이다' 라는 말에서 짐작하듯, 감추어진 사건의 제유라고 할 수 있다.
　그 감추어진 사건은 '사과'라는 말 속에 단서가 숨어 있는 듯하다. 핵심 구절은

> 　가정방문 온 담임선생님은 엄마에게 사과해야
> 한다고 했어요

이다. 담임선생님이 '가정방문'을 와서 한 말이다.

이 구절은 여러모로 모호하다. 우선 시 전체를 보아도 사과할 내용이 제시되지 않았다. 선생님이 일부러 가정방문을 올 정도면 중요한 문제임이 틀림없다. 그런데 그것이 무엇인지는 전혀 알 수가 없다. 다음, '사과'의 주체가 누구인지 분명하지 않다. 이어지는 행에서 "선생님이 사과할 게 뭐가 있나 궁금했다"고 썼으니, 선생님이 사과의 주체처럼 보인다. 그러나 조금 더 떨어진 행에서는 "엄마의 사과가 사각사각 다가오는 듯 같아서"라고 썼다. 분명하진 않지만 선생님이 와서 '엄마의 사과'를 요구한 것이 아닐까? 선생님이 사과의 주체라면, 시 안에서 선생님이 사과하는 광경이 지시되거나 묘사되어야 했을 것이다. 그런데 광경 대신에 진술이 제시되었다. 그렇다면 "선생님이 사과할 게 뭐가 있나 궁금했다"라고 적은 것은 '엄마는 사과를 해야 했다'는 차후의 사실을 은폐하기 위한 '거꾸로 말하기' 아닐까? 그리고 그렇다면 엄마가 사과를 해야 했던 것은 '나'와 관계된 학교에서의 어떤 사건이 아닐까? 즉 '나' 때문에 엄마는 사과해야 했던 게 아닐까? 화자의 어린 시절의 '나'가 학교에서 무슨 사건에 연루되었고 그 사건의 피해자에게 엄마가 사과해야 했던 게 아닐까?

 이런 짐작을 보증해 줄 수 있는 증거물은 하나도 없다. 그냥 추측일 뿐이다. 다만 이 막연한 짐작은 감추어진 사연에 대한 독자의 강렬한 호기심을 연장시키는 효과가 있다. 요컨대 이 짐작은 아주 다른 버전들의 이야기를 거듭 생산할 수 있을 것이다.

이어서 화자는 그 사건이 끈덕지게 잊혀지지 않다가 서서히 잊혀져 간 과정을 알려준다. 그 과정에 '사과'와 '풀'이 환기물로 등장한다. '사과'는 과일 사과이다. 그것은 "아랫방 옆 고방"의 "큰 독아지에" 조각으로 썰린 상태로 "둥둥" 떠 있었었다. 거기에서 풍겨나는 "사과향"이 아랫방에서 있었던 감추어진 사건을 환기시킨다. 반면 '풀'은 잊혀지지 않던 사건이 서서히 시간의 흐름을 따라 풀더미에 덮이듯 잊혀져 갔음을 가리키는 표지이다. 이 '사과/풀'의 대비를 강조하기 위해서 '사각사각', '풀풀' 그리고 '푸르둥둥'(이는 '푸르등등'의 오기이다. 그런데, 앞의 "둥둥"과의 연관을 위해 일부러 오자를 낸 듯하다)의 부사어들까지 동원되었다.

그러니까 감추어진 사연은 끈덕지게 뇌리에 남아있다가 이제는 망각의 늪 속으로 빠져들었다. 그런데 이렇게 말하면, 화자가 그 사연을 잊고 싶어했다고 생각할 수 있는데, 실은 거꾸로다. 그리고 이 '거꾸로'가 결정적이다.

화자는 시 안에서 이미 여러번 '사과'를 언급하고 그 사과를 환기할 과일 '사과'를 수다히 등장시켰다. 그것만으로도 화자가 '엄마의 사과'를 잊어버리려고 하기는커녕 오히려 끊임없이 '회상

(reminiscence)'하여 현재로 불러내고 있다는 것을 짐작할 수 있다. 그리고 화자는 꿈 속에서도 그 날에 다가가려 하고 있는 것이다. 그 대목을 한 번 더 인용해보자.

꿈에 가끔 아랫방 옆 고방이 있던 자리
우리 집이던 집 앞 골목에서 기웃기웃 서성서성 사과 향을 맡곤 합니다

담벼락 귀퉁이에 서 있던 방아 나무에 방아잎 하나
또 하나 방아 향 물씬 전 부쳐 먹고 싶은

거기 뒤꼍

화자는 꿈 속에서 옛 집으로 돌아가 기웃거린다. 왜 그리할까? 두말할 것도 없이 그 날의 현장을 다시 돌이키고 싶어서이다. 그래놓고는 아닌 척 짐짓 시치미를 뗀다. 그래서 옛집으로 돌아가되 방 안으로는 들어가지 못하고 뒤꼍의 "담벼락 귀퉁이에 서 있던 방아 나무 방아 잎"을 따서 "전 부쳐 먹고 싶"어서 갔던 것인 양 능청을 떠는 것이다.
그러니까 이 시가 얘기하는 것은 그 내용이 무엇이든 화자가 '감추어진 사건'에서 '엄마의 사과'에

이르는 모종의 사연 덩어리를 마음 깊숙한 곳에 묻어두고 바깥으로는 절대 내색치 않은 채 끊임없이 그것을 불러내고 있다는 것이다.

운동의 정수를 빚는 일의 애수

여기에는 두 개의 복합적 감정이 교차한다. 하나는 그 사연에 대해 화자가 '부끄럼'을 가지고 있다는 것이다. 그래서 결코 내색치 않으며 끊임없이 무언가로 가리려고 한다. 하지만 또 하나의 감정은 그를 재체험하고자 하는 욕망 속에서 솟아나는 은근한 갈망의 감정이다.

사건의 내용은 감춰져 있지만, 그것의 존재 방식은 뚜렷하다. 그것은 부인되면서 유혹한다. 이러한 양태는 옌센W. Jensen의 『그라비다Gravida』에 대한 프로이트의 분석논문, 「옌센의 『그라디바』에서의 착란과 꿈들 Le Delire et les Reves dans la 《Gradiva》 de W. Jensen」(1907)을 상기시킨다. 젊은 고고학자가 노르베르트 하놀드는 한 미술관에서 이상적인 여인의 그림을 만나서 그 복사본을 사서 돌아와 걸어놓고는 그녀를 찾아가는 일련의 꿈을 꾼다. 실상 하놀드는 유년 시절의 짝, 조에 베르트강의 투영이었다. 그런데 꿈속에서든 깨어서든 그는 조에를 결코 떠올리지 못한다. 프로이트는 이를 두고 '부정적 환각negarive hallucination'이라고 명명하는데, 이런 부정이 일어나는 이유는 바로 꿈의 여행을 지속시키고 싶다는 욕망 때문이다.

'억압된 것의 귀환'이라는 무의식의 행동에 대한 예증으로서 유명해진 프로이트의 이 논문을 통해 우리가 알게 된 것은, 첫째, 억압된 것은 끊임없이 귀환하는데, 둘째, 그러나 그것은 다양한 언어적 변용을 통해 왜곡된 형태로 귀환한다는 점이다. 그리고 그 왜곡의 이유는 이 귀환의 사건이 끝나기를 바라지 않기 때문이다.

이촉의 「아래채」와 『그라디바』가 '동형성 homologie'을 가진다는 것은 굳이 말할 필요가 없을 것이다. 이 시의 감추어진 사건이 은폐되면서 동시에 유혹하는 것은, 그것이 은폐될수록 유혹의 강도가 강해지기 때문이다. 그리고 여기에서 이제 「아래채」는 『그라디바』와 갈라진다. 후자의 작품에서 하놀드는 정신분석가이기도 한 조에 베르트랑에 의해 치유되어 욕망의 회로에서 벗어나지만, 「아래채」의 화자는 은폐를 영구화함으로써 그 사건이 변형되어서 현상하는 사건들에 육신을 투여하게 된다. 그것은 한편으로 '엄마'에 대한 지속적인 회상으로 나아가고 다른 한편으론 '돌봄 노동'으로 나아간다. 더 나아가 우리는 시편들을 통해 '엄마'와 '돌봄 노동'의 환자들이 무의식의 공간에서 연결되어 있음을 확인할 수 있다. 가령 다음과 같은 시구는 그런 생각을 직관적으로 이해하게끔 해준다.

  그 말 그 얼굴에 엄마가 있어
  엉덩이로 밀고와 의자에 후딱 앉는 웃음
  아이고 이뻐라 내 딸
  난 날마다 그 딸이 된다　　　(「아름다운 사람들」)

  물론 '엄마'를 회상하는 시편과 '돌봄 노동'을 묘사하는 시편은 기능이 다르다. 엄마를 회상하는 시편들은 '엄마'를 생의 버팀목처럼 그린다. 엄마는 나의 허물을 지적하면서도 나를 따뜻하게 보듬어준다. 한국의 옛 어머니 상이다(오늘날에 이런 어머니가 있는지는 분명치 않다.) 이 어머니 상은 '나'가 탈진하였을 때 최후의 버팀목으로 기능한다.

  "저년은 비만 오면 구례 온다는 엄마의 목소리가 아스라이 들려온다."　　　(「목소리」)

  '엄마'는 꺼져가는 생명의 불을 지피는 배경의 광원이다. 다른 한편 돌봄 노동은 시인이 쉼없이 이행해온 노동-운동의 시시각각의 표출이다.
  흥미로운 양상은 '엄마' 부분과 '돌봄' 부분이라

는 두 파트가 '나'를 중심으로 전도된 거울상을 보여주고 있다는 점이다. '엄마' 파트에서 '엄마'가 '나'에게 행한 일들이, '돌봄' 파트에서는 '나'가 노인 환자들에게 행하는 일들과 동형 관계를 보여주면서, 후자에서는 '엄마'가 아니라 '딸'의 위치에서 그리한다는 것이다. '나'는 '엄마'의 행동을 '노인 환자들'에게 모방적으로 투여한다.

이 모방이 '엄마'에게 진 마음의 빚을 갚는 의도에서 선택된 것일 터이다. 그런데 '엄마'에게 갚으려 하는 의지가 '엄마'에게 돌아가지 요양원의 환자들에게로 전이됨으로써, 보상 의지는 한편으로 결락되면서 환자들에 대한 헌신을 강화하는 기능을 하게 된다. 엄마에 대한 그리움은 갈수록 강해지고 그만큼 환자들을 보살피는 노력은 배가된다.

이것이 시인의 노동-운동 그 자체에 의지와 방향이 밀착된 사연의 전말이라고 판단해도 될 듯하다. 이로써 이촉의 시편들은 노동의 정수를 빚어내는 미적 사업을 진행할 수 있게 되었다. 그런데 한 가지 문제가 있다. 이 자동사적 회로는 순수한 자율적 운동이다. 이 운동에는 충전 장치가 보이지 않는다. 따라서 이 운동은 탈진되지 않을까?

실로 표제작인 「검은 해바라기」는 그 사연을 애절하게 기술하고 있다.

덜렁거리는 다리 안고 누워 감내해야 했던 시

간도 있다. 부러져 어긋난 뼈 사이로 숨 쉬듯 피로 적셔지는 다리 몸은 알고 있어도 말할 수 없어. 부어오른 다리 창백한 얼굴 내 몸을 내 맘대로 할 수 없는 몸은.

고인 사고를 흐르게 해 그건 생각의 사고야 부러진 골반 수술하면 위험해. 그냥 두고 거짓말처럼 새빨간 피를 한 양동이 흐르게 하는 사고. 빨갛게 새하얀 거즈가 흡입해야 할 슬픔 왜 나를 돌돌 말아 놓기만 해. 가운을 입은 사람 둘이 잡고 슬며시 내려놓는 다리. 눕듯 앉아 미음 몇 숟가락 떠 넣고 잠자면 아침이고 미음 몇 숟가락 먹고 나면 저녁이야. 썩어가는 몸 혈관으로 흐르지 못해 푸른빛을 띠지. 원래 혈관이 약해서라고 하얀 거즈로 덮어 놓지. 내 몸에서 흐른 피 한 양동이가 동영상으로 찍히는 것을 보았어.

비에 꺾여도 꽃을 피우는 해바라기야 네 옆에 지지대 하나 세운다.
담벼락에 기대어 죽어가는 해바라기야.

(「검은 해바라기」)

마지막에서 두 번째 행의 "비에 꺾여도"는 앞에서 인용한 "저년은 비만 오면 구례 온다"는 '엄마'의 잔소리를 상기시키면서, 환자의 입장에서 환자에 대한 묘사인 것처럼 보이는 이 시가 시인-화자 자신에 대한 얘기임을 넌지시 가리키고 있다. 이 시에서 화자는 탈진 상태를 적나라하게 노출하면서 동시에 자신이 일을 해야만 하는 까닭을 밝히고 있다. "빨갛게 새하얀 거즈가 흡입해야 할 슬픔 왜 나를 돌돌 말아 놓기만 해"는 그 반대 방향의 행동으로 자신의 몸이 나아가야 할 당위를 지시하는 것이다. 그리고 그것은 "고인 사고를 흐르게"하는 행위, 즉 살아있는 정신의 지속성에 통한다.

　한데 마지막 행이 그대로 지시하듯이 그 행동의 막바지에는 에너지의 소진이 기다리고 있다. 이 시는 그 결말을 그저 방치하고마는 사람의 애수를 진하게 흘린다. 그러면서도 동시에 그가 간직한 비밀이 헌신의 노동으로 바뀌는 일의 부단성(不斷性)을 담백히 받아들이게 한다. 그래 그건 스스로 선택한 삶이며, 후회를 남기지 않는 삶이다. 죽음을 향해 가면서 스스로 완성되는 삶인 것이다. 그런 자신의 생애를 마음 깊은 곳의 빛에 비추어보면서 마지막 시는 '미소'를 흘린다. 그 음미를 독자에게 넘긴다.

　눈에 가물거려 다시
　느랭이골 비밀의 숲 지나

섬진강 건너 돌아 한 손으로 돌아
저 불상 눈에 걸려

한참 바라보고 지나치다 또 보고
보고 다시 들여다보고

그래도 모를 저 불상
아무 말 없이 내려다보고 있다

눈을 보소
입가의 미소를 보소

너는 옆에서 앞에서 셔터를 누를 동안
저 불상 뒤에서 동백 웃기만 한다 　　(「동백」)

우주문학 시선 2
검은 해바라기

초판 발행   2025년 3월 30일

지은이   이촉
펴낸이   진영서
책임편집 김영산
조판   김한백
펴낸곳   은하태양
주 소   서울 마포구 백범로 239 103-104호
출판등록 제2024-000103호
대표전화 010.8920.4725
이메일   galaxysun30@naver.com

이촉 2025
ISBN: 979-11-991218-0-5 (03810)

*이 책의 무단 복제를 금합니다. 이 책 내용의 전부 또는 일부를 재사용하려면 반드시 저작권자와 은하태양 양측의 동의를 받아야 합니다.
* 책 값은 뒤표지에 표시되어 있습니다.